CONSTITUTION SOCIALE

DES

TRAVAILLEURS

PAR

Eugène FERRAND (DE LA DRÔME).

Projet, Extrait d'un ESSAI inédit sur l'EXTINCTION de la MISÈRE,

PAR LE MÊME AUTEUR.

> Les deux mots les plus courts
> à prononcer, OUI et NON, sont
> ceux qui demandent le plus
> d'examen.
>
> (PYTHAGORE).

Prix : 50 Centimes.

PARIS

A LA LIBRAIRIE DÉMOCRATIQUE

DE GUSTAVE HAVARD, ÉDITEUR,

Rue des Mathurins-Saint-Jacques, 24.

1848.

AVANT-PROPOS.

J'ai essayé de formuler, dans ce *Projet de Constitution*, le résultat d'une longue et consciencieuse étude sur l'une des plus graves questions sociales qui se soient encore agitées, — *la question du Travail*.

Prendre le Travailleur dès sa naissance et le suivre dans toutes les phases de sa vie :

Ainsi, *Enfant*, le placer, à défaut de la famille, sous la tutelle vigilante et paternelle de l'Etat ; le protéger dans sa faiblesse ; laisser à ses forces et à ses facultés le temps de se développer, par l'interdiction d'un travail matériel prématuré et par l'instruction civile, religieuse et professionnelle ;

A l'âge où l'*Enfant* fait place à l'*Homme*, à cet âge où la société lui fait un devoir de travailler, garantir son droit à l'existence, par le *Travail* ou le *Crédit*, s'il est valide, et par l'*Assistance*, s'il est infirme.

Chef de famille, le mettre à même, par l'*Association*, de pourvoir à son existence et à celle des siens ;

Vieillard, assurer son existence, soit par une *Pension de Retraite*, fruit de sa prévoyance et de ses économies, soit par son *admission dans un Hôtel d'Invalides civils* ;

Au résumé :

Provoquer *l'intervention* de l'Etat, mais sans faire, de cette intervention, une charge trop *onéreuse* pour lui, *périlleuse* pour la société ; sans en faire, pour l'agriculture, le commerce et l'industrie, une *Concurrence dangereuse*, et pour le Travailleur, une *Condition humiliante* ;

Affranchir le Travail, sans nuire aux *droits* et aux *intérêts légitimes* ;

Frapper la Concurrence dans ses abus, sans détruire la *Liberté du Travail* ;

Supprimer, enfin, la *Misère*, sans porter atteinte à la *Famille* et à la *Propriété* ;

Voilà comment j'ai compris, dans cet *Essai*, la solution de ce grand et difficile problème.

Je laisse le lecteur juge des moyens que je propose.

Paris, le 12 septembre 1848.

CONSTITUTION SOCIALE

DES TRAVAILLEURS.

TITRE PRÉLIMINAIRE.

DU TRAVAIL ET DES DROITS DU TRAVAILLEUR.

ARTICLE 1ᵉʳ.

Est Travailleur, celui qui est utile à la société, soit par des productions matérielles, comme l'ouvrier, l'agriculteur, le commerçant, le manufacturier, etc. ; soit par des productions immatérielles, comme le savant, le magistrat, l'avocat, le médecin, l'artiste, l'écrivain, l'employé, etc., etc.

ART. 2 (A). (*).

L'Etat prend et réalise toutes les mesures propres à produire et à développer le Travail.

Ainsi, il se rend propriétaire, moyennant un juste prix ou une préalable indemnité, de toutes les inventions dont l'utilité générale est suffisamment constatée et les place immédiatement dans le domaine public.

(*) *Les Lettres, comprises entre deux parenthèses, renvoient aux notes justificatives insérées à la suite de la présente Constitution.*

Il encourage et favorise :

L'industrie agricole, manufacturière et commerciale ;

L'exportation;

L'importation des matières premières et alimentaires ;

Les lettres, les sciences et les arts.

Il protége :

La liberté de la presse;

La circulation et le placement des capitaux.

Enfin, il aide , à la consommation et à l'écoulement des produits, par tous les moyens qui sont en son pouvoir.

Art. 3.

L'Etat fait aussi exécuter des travaux publics, soit matériels, soit intellectuels.

Art. 4 (B).

Tout homme valide, qui a besoin de travailler pour vivre, a droit au travail.

Le droit au travail est un droit à l'existence, à la famille et à la propriété, par des moyens légitimes et honorables;

Il est garanti, par l'Etat, au travailleur français.

Art. 5.

Le travail est libre. L'exercice de ce droit n'a pour limites que les garanties dues au droit d e vivre en travaillant.

Art. 6 (C).

Le droit de vivre en travaillant est le droit de recevoir, en échange de son travail personnel, un salaire qui suffise, *au moins*, aux besoins de l'existence.

L'Etat le garantit à tous les travailleurs.

Art. 7 (D).

Les salaires de l'année échue et ceux dûs pour l'année courante sont garantis par un privilége général sur les biens de celui qui les doit.

Ce privilége s'exerce au même rang que le privilége établi par le Code civil (art. 2101, 4°).

Il n'est dispensé de l'inscription que pour les salaires du dernier mois.

ART. 8

L'Etat assure à tout Français invalide les moyens d'exister.

TITRE Ier.

De la Garantie du Droit au Travail.

—

CHAPITRE Ier.

Dispositions générales.

ART. 9.

Tout Français valide, qui a besoin de travailler pour vivre, a le droit, lorsqu'il manque de travail, d'en demander à l'Etat.

L'Etat doit lui en procurer, et, à défaut, lui faire, jusqu'à ce qu'il en soit pourvu, les *avances* nécessaires à l'existence.

ART. 10.

Pour satisfaire aux dispositions de l'article précédent, il est établi, dans chaque commune, un *Bureau* et une *Caisse de Travail*.

Toutefois, dans les communes divisées, soit en arrondissements, soit en cantons, il est établi, indépendamment d'un *Bureau* et d'une *Caisse de Travail*, comme dans toute autre commune, un *Bureau* et une *Caisse de Travail* par arrondissement ou par canton.

Le *Bureau* et la *Caisse de Travail* de la commune sont, dans ce cas et pour ladite commune, *Bureau* et *Caisse de Travail général*.

ART. 11.

Ces divers établissements de prévoyance et de crédit n'ont, entr'eux, aucun rapport de subordination.

Chacun d'eux est assisté d'un *Conseil de Prud'hommes* sous la surveillance immédiate duquel il est placé.

CHAPITRE II.

Des Bureaux et des Caisses de Travail.

SECTION PREMIÈRE.

Des Bureaux de Travail.

ART. 12.

Les Bureaux de Travail sont chargés de pourvoir d'ouvrage celui qui n'en a pas, et de travailleurs quiconque en a besoin.

A cet effet, chaque Bureau de Travail est tenu :

1° De se renseigner sur les travaux publics, soit matériels, soit intellectuels, commandés ou autorisés par le gouvernement.

2° De recevoir et d'inscrire, sur des registres à ce destinés, toutes les demandes de travail et de travailleurs qui leur sont faites.

3° De communiquer ces demandes aux travailleurs sans ouvrage et aux patrons qui ont besoin de travailleurs.

ART. 13.

Le travailleur doit être, autant que possible, pourvu d'un travail de sa profession.

En conséquence, lorsqu'à défaut d'ouvrage de sa profession, le travailleur aura fait choix d'un autre travail, le Bureau auquel il se sera adressé, fera cesser cette situation aussitôt qu'il le pourra.

ART. 14.

Les Bureaux de Travail ont également pour charge de délivrer des *mandats*, chacun sur la Caisse qui lui correspond, aux travailleurs sans ouvrage *qu'ils sont dans l'impossibilité absolue de placer immédiatement*, comme aussi aux travailleurs malades, aux petits agriculteurs, aux petits commerçants, aux petits industriels, et de leur faire ainsi les avances dont il est parlé aux sections 1 et 2 du chapitre 3 du présent titre.

ART. 15.

Ils ouvrent un *Crédit*, sur les mêmes Caisses, aux associations constituées ainsi qu'il est dit aux Art. 105-106 et suivants.

ART. 16.

Les Bureaux de Travail, établis dans les communes d'un même arrondissement, correspondent avec le Bureau de Travail dont le siège est au chef-lieu dudit arrondissement.

Ceux, établis aux chefs-lieu d'arrondissement d'un même département, correspondent avec le Bureau de Travail dont le siège est au chef-lieu dudit département.

Enfin, ceux, établis aux chefs-lieux de département, correspondent avec le *Bureau de Travail général* à Paris, lequel *centralise* ainsi tous les besoins du travail national.

SECTION II.

Des Caisses de Travail.

ART. 17.

Toute Caisse de Travail a pour ressources :
1° Une subvention de l'État;
2° Des allocations, votées par le conseil municipal de la commune où elle est établie ;
3° Des allocations, votées par le conseil-général du département;
4° Les intérêts des sommes qu'elle avance aux associations ;
5° Les amendes prononcées, à son profit, par le Conseil de Prud'hommes de sa circonscription ;
6° Le produit d'une souscription publique ouverte dans les localités qu'elle est chargée de desservir ;
7° Les donations qui pourront lui être faites.

ART. 18.

Chacune d'elles peut admettre, à l'intérêt annuel de cinq pour cent, au plus, les capitaux particuliers qui lui sont offerts à titre de placement.

Ces prêts sont garantis, par l'État, en capital et intérêts.

ART. 19.

Chaque Caisse de Travail a pour attributions :

1° D'acquitter les mandats délivrés, sur elle, par le Bureau de Travail auquel elle correspond ;

2° De fournir des fonds aux associations précitées, jusqu'à concurrence du crédit qui leur est ouvert;

3° De recevoir les versements que doivent faire les travailleurs pour avoir droit à une *pension de retraite*. -

4° De transmettre lesdits versements à la *Caisse générale des Pensions de Retraite*, à Paris;

Pour effectuer cette transmission, les Caisses de Travail, établies dans les communes d'un même arrondissement, correspondent avec la Caisse de Travail dont le siège est au chef-lieu dudit arrondissement.

Celles, établies aux chefs-lieux d'arrondissement d'un même département, correspondent avec la Caisse de Travail dont le siège est au chef-lieu dudit département.

Celles établies, aux chefs-lieux de département, correspondent directement avec la Caisse générale des pensions de retraite à Paris, laquelle Caisse *centralise* ainsi tous les versements effectués par les travailleurs.

CHAPITRE III.
Des Avances.

SECTION PREMIÈRE
Des Avances aux Travailleurs (E).

ART. 20.

Le Bureau de Travail, qui *se trouve dans l'impossibilité absolue de placer immédiatement* le travailleur sans ouvrage qui lui en demande, est tenu de lui délivrer un mandat sur sa caisse correspondante et de lui faire ainsi, jusqu'à ce qu'il soit pourvu de travail, les avances nécessaires à l'existence.

ART. 21.

Il pourvoit, de même, aux frais de route et d'existence des travailleurs sans ouvrage , auxquels il ne peut en procurer que hors de sa circonscription.

ART. 22.

Il vient en aide aux travailleurs malades et par des avances pécuniaires et par les soins gratuits de médecins qu'il attache, dans ce but, à son établissement.

SECTION II.

Des Avances à la petite agriculture, au petit commerce, à la petite industrie. (F).

ART. 23.

Chaque Bureau de Travail, sur la proposition du Conseil de Prud'hommes de sa circonscription, vient en aide, également par des avances :

1° A la petite agriculture ;

2° Au petit commerce ;

3° A la petite industrie, exercés par des Français, jouissant de leurs droits civiques, domiciliés, depuis un an, au moins, dans sa circonscription et justifiant du besoin qui fait l'objet de leur demande.

ART. 24.

Indépendamment des avances pécuniaires, il peut encore être fait, à la petite agriculture, des avances en nature, telles que semences, etc., etc.

Ces avances seront fournies par les Fermes-modèles, les Greniers d'abondance ou autres établissements publics , à la Caisse de Travail, chargée d'en faire livraison.

SECTION III.

Du Remboursement des Avances (G).

ART. 25.

Les avances, faites à chaque travailleur, seront mentionnées sur un livret dont il sera porteur.

ART. 26.

Les patrons, qui emploieront ultérieurement le travailleur débiteur, *feront*, jusqu'à parfaite libération, sur le produit de son travail, une *retenue* au profit du Bureau de Travail créancier.

Cette retenue ne peut, en aucun cas, excéder les deux dixièmes du salaire journalier dudit travailleur.

ART. 27.

Le patron, qui aura exercé une retenue, en consignera le montant sur le livret du travailleur débiteur.

Il en donnera avis au Bureau de Travail créancier et en tiendra le montant à sa disposition.

ART. 28.

Lorsque la dette sera acquittée, il en sera fait mention sur le livret du travailleur.

ART. 29.

Les avances faites à la petite agriculture, au petit commerce, à la petite industrie, seront remboursées directement au Bureau de Travail créancier.

Le remboursement pourra s'effectuer par une suite de paiements partiels.

ART. 30.

Les avances en nature pourront être remboursées en nature également.

ART. 31.

Chaque Bureau de Travail, devant rembourser lui-même, à sa

Caisse de Travail correspondante, les mandats qu'il a fait présenter à son acquit, est chargé d'en opérer le recouvrement.

SECTION IV.

Des Remises d'Avances.

ART. 32.

LE 24 FÉVRIER de chaque année, *remise d'une partie* des avances, dues encore à cette époque, peut être faite, à titre d'encouragement ou de récompense, à ceux des travailleurs, débiteurs *pour manque d'ouvrage,* qui, dans le courant de l'année, se seront distingués par leur conduite et leur mérite.

ART. 33.

Remise pleine et entière peut être faite, aux mêmes titres et conditions, aux travailleurs, débiteurs *pour cause de maladie.*

ART. 34.

Les Conseils de Prud'hommes sont juges, chacun pour sa circonscription, de l'application des deux articles précédents.

CHAPITRE IV.

Des Conseils de Prud'hommes.

SECTION PREMIERE.

Formation et Composition des Conseils.

ART. 35.

Il est institué *un Conseil de Prud'hommes* près chaque Bureau et Caisse de Travail.

ART. 36.

Tout Conseil de Prud'hommes se compose de membres élus par *l'Assemblée électorale* de sa circonscription.

Néanmoins, dans toute commune divisée, soit en arrondissements, soit en cantons, *l'ensemble* des Conseils de Prud'hommes, institués près les Bureaux et Caisses de Travail établis dans lesdits arrondissements ou lesdits cantons, *constitue* le Conseil de Prud'hommes près le Bureau et la Caisse de Travail général de ladite commune.

Art. 37.

Sont *électeurs*, tous les travailleurs salariés et salariants, Français, âgés de vingt-un ans, au moins, et jouissant de leurs droits civiques.

Art. 38.

L'Assemblée des électeurs de chaque collége électoral est convoquée par le Préfet du département.

Art. 39.

Le maire, et, à défaut, l'adjoint au maire de la commune où se fait l'élection, est, de droit, Président de l'Assemblée électorale.

Dans les communes où il y a plusieurs Conseils de Prudhommes à élire, le maire de la commune nomme le président de chaque collége électoral.

Art. 40.

Le président de l'Assemblée électorale s'adjoint deux vice-présidents : l'un, travailleur salariant; l'autre, travailleur salarié, et quatre scrutateurs : deux travailleurs salariés, deux travailleurs salariants. Le bureau ainsi formé nomme un secrétaire.

Art. 41.

Le président a seul la police de l'Assemblée où il siège.

Quatre membres, au moins, du bureau, deux travailleurs salariants, deux travailleurs salariés, y compris le secrétaire, doivent toujours être présents.

L'Assemblée ne peut s'occuper d'aucun autre objet que des élections, qui lui sont attribuées. Toute discussion, toute délibération lui sont interdites.

Art. 42.

Nul ne peut se présenter armé dans une assemblée électorale.

Art. 43.

Pour être admis à voter dans une assemblée électorale, l'électeur doit être domicilié, depuis trois mois, au moins, dans la circonscription du collége.

Il doit également présenter, au moment du vote, la carte d'électeur que le Bureau de Travail de la dite circonscription lui aura délivrée à cet effet.

Art. 44.

A mesure que chaque électeur déposera son vote, deux des scrutateurs, l'un, travailleur salarié, l'autre, travailleur salariant, et le secrétaire, constateront le vote sur une liste à ce destinée, laquelle liste contiendra les noms et qualifications de tous les membres du collége électoral.

Art. 45.

L'élection a lieu au scrutin secret.

Chaque scrutin restera ouvert, pendant deux jours, depuis six heures du matin jusqu'à dix heures du soir.

Il sera dépouillé le troisième jour.

Art. 46.

Lorsque la boîte du scrutin aura été ouverte, et le nombre des bulletins vérifié, un des scrutateurs prendra successivement chaque bulletin, le dépliera et le remettra au président qui, après en avoir fait lecture à haute voix, le passera à l'un des scrutateurs travailleur salariant, si le premier scrutateur est travailleur salarié ou réciproquement.

Le résultat de chaque scrutin est à l'instant même rendu public.

Art. 47.

Immédiatement après le dépouillement, les bulletins seront brûlés en présence du collége.

Art. 48.

Dans les colléges divisés en plusieurs sections, chacune d'elles concourt directement à la nomination des Prud'hommes que le collége doit élire.

Le dépouillement du scrutin se fait dans chaque section.

Le résultat en est arrêté et signé par le Bureau ; il est immédiatement porté, par le président, au bureau de la première section, qui fait en séance publique et en présence de tous les présidents des sections, le recensement général des votes.

ART. 49.

La nomination a lieu à la pluralité des votes exprimés.

En cas d'égalité du nombre de suffrages, l'élection est acquise au plus âgé.

ART. 50.

Le bureau juge provisoirement les difficultés qui s'élèvent sur les opérations de l'assemblée.

Toutes les réclamations seront insérées au procès-verbal, ainsi que les décisions motivées du bureau.

Les pièces ou bulletins, relatifs aux réclamations, seront paraphés par les membres du bureau et annexés au procès-verbal.

Le Préfet, en conseil de préfecture, prononcera définitivement, et dans le plus bref délai, sur les dites réclamations.

ART. 51.

Sont *éligibles* tous les électeurs, âgés de vingt-cinq ans accomplis, sachant lire et écrire, et domiciliés, depuis six mois, au moins, dans la circonscription du collége électoral.

ART. 52.

Il y a incompatibilité entre les fonctions de prud'homme et celles d'employé de Bureau ou de Caisse de Travail.

Comme aussi, les parens ou alliés, jusques et y compris le degré d'oncle et de neveu, ne peuvent être, en même temps, membres d'un même conseil de prud'hommes.

ART. 53.

Tout Conseil de Prud'hommes est composé, *moitié* de travailleurs salariants, *moitié* de travailleurs salariés.

Celui, qui est à la fois salariant et salarié, est considéré : comme travailleur salariant, s'il a le caractère d'entrepreneur, c'est-à-dire s'il salarie pour son propre compte ; et, comme travailleur salarié, dans le cas contraire, c'est-à-dire, s'il salarie pour et au nom d'autrui.

Art. 54.

Le nombre de membres dont doivent se composer les Conseils de Prud'hommes est fixé :

A *douze*, pour les conseils, institués dans les communes autres que les communes chefs-lieux d'arrondissement ou de département ;

A *dix-huit*, pour ceux établis dans les communes chefs-lieux d'arrondissement ;

A *vingt-quatre*, pour ceux établis dans les communes chefs-lieux de département.

Dans les communes où sont institués plusieurs Conseils de Prud'hommes, chacun d'eux est composé de *vingt-quatre membres*.

Art. 55.

Les Prud'hommes sont élus pour *trois ans*. Ils sont indéfiniment rééligibles.

Les Conseils sont renouvelés, par tiers, tous les ans.

Le sort désignera, à la fin de la première et de la deuxième année, les membres qui seront à remplacer.

Art. 56.

Les fonctions de Prud'homme sont essentiellement honorifiques et gratuites.

SECTION DEUXIÈME.

Assemblées des Conseils de Prud'hommes.

Art. 57.

Les maires sont, de droit, présidents *honoraires* des Conseils de Prud'hommes.

Ils y ont voix consultative.

ART. 58.

Chaque Conseil nomme, au scrutin secret et à la majorité absolue des voix, le président *titulaire* et le vice-président.

Il nomme, de même, un secrétaire. Ce secrétaire est choisi hors du Conseil. Il est rétribué.

ART. 59.

Dans le cas d'égalité de suffrages, c'est le plus âgé qui est élu.

ART. 60.

La présidence et la vice-présidence seront *alternativement* déférées, par voie d'élection, à un travailleur salarié et à un travailleur salariant.

Le vice-président sera toujours choisi dans la catégorie à laquelle n'appartiendra pas le président.

ART. 61.

Le sort décide de la première présidence.
La présidence titulaire donne voix prépondérante.

ART. 62.

Le président et le vice-président seront renouvelés tous les trois mois et toujours rééligibles.

ART. 63.

Les Conseils de Prud'hommes, composés de *douze* membres, consacrent, *une audience, au moins, par quinzaine*, aux conciliations; *le même nombre d'audiences* est consacré, par eux, aux contestations, qui n'ont pu être terminées à l'amiable.

Les Conseils, composés de *dix-huit* membres, consacrent, aux conciliations, *une audience, au moins, par semaine*; et aux contestations à juger, *une audience, au moins, par quinzaine*.

Enfin, ceux, composés de *vingt-quatre* membres, consacrent, aux conciliations, comme aussi aux contestations à juger, *une audience, au moins, par semaine*.

Art. 64.

Les audiences de conciliation seront tenues par *deux* Prud'hommes : l'un, travailleur salarié ; l'autre, travailleur salariant.

Les audiences indiquées, pour juger les contestations qui n'ont pu être terminées à l'amiable, seront tenues par *six* Prud'hommes : trois travailleurs salariants, trois travailleurs salariés, y compris le président ou le vice-président.

Art. 65.

Tout Conseil de Prud'hommes se réunit *une fois*, au moins, par mois, pour délibérer sur les affaires administratives, placées dans ses attributions.

Enfin, il se réunit *quatre fois* l'an, au commencement des mois de janvier, avril, juillet et octobre, à l'effet, *seulement*, de statuer sur le *Taux minimum* de salaire à établir dans sa circonscription, conformément à l'art. 96.

Art. 66.

Les deux tiers, au moins, des membres du Conseil, doivent assister aux séances mensuelles et trimestrielles.

Les résolutions y sont prises à la majorité absolue des voix.

Art. 67.

Dans toute commune où il y a plusieurs Conseils de Prud'hommes, ces divers conseils se réunissent tous les trois mois, sous la présidence du maire, pour former le Conseil de Prud'hommes de la commune et statuer sur les affaires, qui lui sont réservées par l'art. 85.

Art. 68.

Toute délibération d'un Conseil de Prud'hommes, portant sur des objets étrangers à ses attributions, est nulle de plein droit.

La nullité est déclarée par le Préfet, en conseil de préfecture.

Art. 69.

Si, parmi les actes annulés, il s'en trouve qui soient punissables d'après les lois pénales en vigueur, ceux des membres du Conseil qui y auraient participé sciemment peuvent être poursuivis.

Art. 70.

Tout membre d'un Conseil de Prud'hommes dont les droits civiques auraient été suspendus, ou qui en aurait perdu la jouissance, cessera d'en faire partie et ne pourra être réélu que lorsqu'il aura recouvré les droits dont il aurait été privé.

Art. 71.

En cas de vacance par décès, démission, perte des droits civils et politiques, l'Assemblée électorale, qui doit pourvoir à la vacance, doit être réunie dans le délai de *quinze jours.*

Art. 72.

Tout Conseil de Prud'hommes peut être dissous par le Préfet, en conseil de préfecture.

L'arrêté de dissolution fixera l'époque de la réélection.

Il ne peut y avoir un délai de plus de quinze jours entre la dissolution et la réélection.

SECTION III.

Attributions des Conseils de Prud'hommes.

Art. 73.

Le pouvoir de tout Conseil de Prud'hommes ne s'étend que dans la circonscription du Bureau et de la Caisse de Travail près lesquels il est institué.

Art. 74.

Ce Conseil intervient dans les contestations entre les travailleurs salariés et les patrons.

Il les termine sans frais et, autant que possible, à l'amiable.

Art. 75.

Il nomme, à l'élection, les Directeurs du Bureau et de la Caisse de Travail ; il surveille leur administration.

ART. 76.

Tous les trois mois, il établit, conformément à l'art. 96, un *Taux minimum* de salaire, pour les travailleurs de sa circonscription.

ART. 77.

Il fixe le chiffre du crédit que le Bureau de Travail est tenu d'ouvrir, sur sa caisse correspondante, aux associations qui y ont droit.

Ce chiffre, néanmoins, pour être définitif, doit être approuvé par le Préfet du département.

ART. 78.

Il détermine le nombre *minimum* et *maximum* des membres de chacune de ces associations.

ART. 79.

Il est juge du mérite de la demande et de la quotité des avances à faire au petit agriculteur, au petit commerçant et au petit industriel.

Il doit se décider, à cet égard, d'après le but de la présente Constitution, qui a essentiellement pour objet de pourvoir à l'existence des travailleurs et aux besoins de la petite agriculture, du petit commerce et de la petite industrie.

ART. 80.

Il signale à l'État les inventions à acquérir pour cause d'utilité publique, et donne son avis sur le prix demandé par les auteurs de ces inventions.

ART. 81.

Il veille à ce que, dans sa circonscription, le *Marchandage* ne soit point exercé.

ART. 82.

Il veille à ce que toute personne, qui exploite à la fois plusieurs genres de commerce ou d'industrie, paie autant de patentes qu'il exerce d'industries ou de commerces différents.

Art. 83.

Il veille à ce que les prescriptions, contenues aux Chap. 3 et 5 du Tit. 2, et relatives, les premières, à la journée de travail ; les secondes, aux jeunes travailleurs, soient fidèlement observées.

En cas d'infraction, il prononce les amendes.

Art. 84.

Il est juge des remises à faire, sur les avances, le 24 février de chaque année.

Art. 85.

Dans toute commune où il y a plusieurs Conseils de Prud'hommes, le Conseil, qu'ils forment, par leur réunion en une seule assemblée, nomme, à l'élection, les Directeurs du Bureau et de la Caisse de Travail général de la commune. Il signale à l'État les inventions à acquérir pour cause d'utilité publique, et donne son avis sur le prix demandé par les auteurs de ces inventions.

Enfin, il fixe, pour tous les travailleurs de la commune, le *Taux minimum* de salaire à établir ainsi qu'il est prescrit à l'art. 96.

Les Conseils particuliers à chaque arrondissement ou à chaque canton de la commune ont, des Conseils de Prud'hommes, toutes les autres attributions.

CHAPITRE V.

De l'Administration des Bureaux et des Caisses de Travail.

Art. 86.

La gestion immédiate de chaque Bureau et de chaque Caisse de Travail est confiée à des Directeurs, nommés, à l'élection, par le Conseil de Prud'hommes et soumis à un cautionnement.

Le Taux de ce cautionnement est fixé, sur l'avis du Conseil de Prud'hommes, par le Préfet, en conseil de préfecture.

Art. 87.

Les Directeurs sont élus pour *cinq ans* Ils sont rééligibles.

Art. 88.

Tous les *six mois*, au moins, chaque Directeur rend compte de son administration au Conseil de Prud'hommes qui l'a nommé.

Ce compte rendu, accompagné, s'il y a lieu, des observations du dit Conseil, est soumis au Conseil municipal de la commune et au Conseil-général du département.

Art. 89.

Il est pourvu aux autres emplois par voie de concours.

Un Jury d'examen est institué, à cet effet, à chaque chef-lieu d'arrondissement.

Les candidats auront à répondre sur les matières du programme officiel de l'instruction primaire.

Art. 90.

Les employés des Bureaux et des Caisses de Travail sont des employés de commune.

Néanmoins, les Directeurs peuvent être révoqués par les Conseils de Prud'hommes qui les ont élus.

Art. 91.

Tout candidat à un emploi quelconque des Bureaux ou des Caisses de Travail doit être :

1° Français ;

2° Non judiciairement privé ou suspendu de l'exercice de ses droits civiques ;

3° Domicilié, depuis un an, au moins, dans le ressort de l'établissement à l'administration duquel il veut appartenir.

TITRE II.
De la garantie du Droit de vivre en travaillant.

CHAPITRE 1er.
Dispositions générales.

ART. 92.

Le droit de vivre en travaillant est celui qu'a tout travailleur de recevoir, en échange de son travail personnel, un salaire qui suffise, *au moins*, aux besoins de l'existence.

ART. 93.

Pour assurer, aux travailleurs, l'exercice de ce droit, l'Etat doit, sans porter atteinte aux intérêts ou aux droits légitimes des patrons ainsi qu'à la liberté du travail, régler, sur les besoins même de l'existence, le produit et la durée du travail journalier.

ART. 94.

En exécution des articles qui précèdent :

Un *minimum* est fixé aux salaires.

Le Taux en sera établi d'après les bases posées par le précédent article.

Une *limite* est donnée, d'après les mêmes bases, à la durée de la journée de travail.

Enfin, *un crédit* est ouvert, sur les Caisses de Travail, aux associations, formées, ainsi qu'il est dit aux articles 105, 106 et suivants.

CHAPITRE II.
Du Taux minimum de Salaire (H).

ART. 95.

Le *Taux minimum* de salaire est déterminé par les Conseils de Prud'hommes.

Ces Conseils, pour l'établir, auront égard, conformément à l'Article 93, aux besoins de l'existence des travailleurs, ainsi qu'aux intérêts et aux droits légitimes des patrons.

ART. 96.

Les besoins de l'existence variant avec les temps et les lieux, le *Taux minimum* de salaire suit toujours ces variations;

En conséquence, *tous les trois mois*, chaque Conseil de Prud'hommes en fixera *un* pour les travailleurs de son ressort.

CHAPITRE III.

De la Journée de Travail (I).

ART. 97.

La journée de travail est fixée, pour toute la France, à *dix heures* de travail effectif.

ART. 98.

Nul ne peut recevoir ou donner, pour une journée de travail, un salaire inférieur au *Taux minimum*, établi dans la localité où il travaille ou fait travailler.

ART. 99.

Le travailleur qui, dans une journée, aura travaillé plus de dix heures, *doit demander et obtenir* un supplément de salaire, librement discuté entre lui et le patron, qui l'aura ainsi occupé.

ART. 100.

Le travailleur à la tâche, qui, dans une journée de travail, n'aurait point gagné le *Taux minimum* de salaire, établi dans la localité où il a travaillé, et se trouverait, par cela même, lésé dans la valeur de son travail, *doit toujours* en appeler, soit à l'expertise, si l'objet peut se déplacer facilement, soit à l'appréciation du Conseil de Prud'hommes, qui jugera si le patron a suffisamment ou non rétribué l'ouvrage.

ART. 101.

Tout contrevenant aux dispositions des art. 98 et 99; tout patron, convaincu d'avoir fait travailler, à la tâche, pour un prix, qui ne permettait pas à un travailleur ordinaire de gagner, dans une journée de travail, au moins le *Taux minimum* de salaire, établi dans la localité; enfin, tout travailleur qui, sans en référer à qui de droit, aura exécuté un travail ainsi rétribué, sera condamné, par le Conseil de Prud'hommes, dans la circonscription duquel le délit aura été commis, à des dommages et intérêts envers la partie lésée, et, en outre, à une amende, au profit de la Caisse de Travail.

Cette amende sera de 25 à 50 fr. pour la première fois, et, de 75 à 150 fr., en cas de récidive.

ART. 102 (J).

Au-dessus du *Taux minimum* de salaire, les conventions de travail sont libres et respectées.

CHAPITRE IV.

Des Associations.

SECTION PREMIÈRE.

Des Associations en général.

ART. 103.

Tous citoyens sont libres de former entre eux, à leurs risques et périls, telles associations qu'ils jugent convenables à leurs intérêts et sous telles conditions qu'il leur plait d'adopter.

ART. 104.

Des avances pourront leur être faites par l'Etat.

SECTION II.

Des Associations qui ont droit à un Crédit sur les Caisses de Travail. (K)

ART. 105.

Toute association, dont la composition et les statuts seront conformes aux dispositions ci-après établies, aura droit à un *Crédit* sur la Caisse de Travail dans la circonscription de laquelle se trouvera le siége de la société.

Le chiffre de ce crédit sera déterminé par le Conseil de Prud'hommes et approuvé par le Préfet du département.

ART. 106.

Pour être membre d'une association ainsi créditée, le travailleur doit être, au moment de son admission :

1° Français ;

2° Valide ;

3° Chef de famille et obligé de travailler pour la soutenir ;

4° Non judiciairement privé ou suspendu de ses droits civiques ;

5° Domicilié, depuis un an, au moins, dans la commune, où est le siége de la société.

ART. 107.

Est réputé chef de famille :

1° Celui qui est marié ;

2° Le veuf qui a des enfants ;

3° Le fils aîné qui, par suite de la mort de son père, se trouve le soutien de frères ou sœurs mineurs de 18 ans (L).

Celui, qui a pour charge de subvenir à l'existence d'ascendants invalides, est assimilé aux chefs de famille.

ART. 108.

Le nombre *minimum* et *maximum* des membres de chacune de ces associations est déterminé par le Conseil de Prud'hommes dans la circonscription duquel elles seront établies.

ART. 109.

Chacune d'elles est administrée par un *Comité directeur* nommé par les associés.

Ce Comité est élu pour un an ; il est rééligible.

ART. 110,

Les membres du Comité directeur reçoivent un salaire mensuel.

Ce salaire ne peut être inférieur au *Taux minimum* établi pour tous les travailleurs de la circonscription.

Il est voté par les associés.

ART. 111.

Chacune de ces associations peut emprunter à un intérêt annuel, qui n'excédera pas *six pour cent*.

Les sommes, qui leur seront avancées par la Caisse de Travail, produiront, à ladite Caisse, un intérêt dont le taux annuel n'excédera pas *trois pour cent*, et lui seront remboursées en paiements partiels et successifs.

ART. 112.

Tout *bailleur de fonds*, chef de famille, peut être admis comme associé, lors même que, par son admission, le *maximum* des membres de l'association, fixé par le Conseil de Prud'hommes, se trouverait dépassé.

ART. 113.

Les associés travaillent, soit à la journée, soit à la tâche. La décision en appartient au Comité directeur.

Ce Comité fixe également le prix du travail à la tâche.

ART. 114.

En aucun cas, le salaire des associés, pour une journée de travail, ne peut être inférieur au *Taux minimum* fixé dans la circonscription, par le conseil de Prud'hommes.

ART. 115.

Chaque associé peut recevoir journellement le salaire de son travail personnel.

Art. 116.

A l'expiration de chaque année, les salaires et les intérêts des capitaux étant prélevés, chacun des associés participe aux bénéfices et aux pertes de l'association au *prorata* du total des sommes qu'il a reçues ou dû recevoir, dans l'année, à titre de salaire.

L'associé, *bailleur de fonds*, y participe, également au *prorata* du montant de ses salaires annuels, s'il y a lieu, *augmenté* de l'intérêt annuel de son capital.

Art. 117.

Aucun des associés ne peut prélever, sur les bénéfices faits par l'association, plus de la moitié de la part qui lui revient.

L'autre moitié reste à l'association.

Art. 118.

La moitié des bénéfices, restant à l'association, forme un fonds de réserve destiné :

1° A secourir ceux des associés malades qui sont dans le besoin ;

2° A faire face aux pertes de l'association ;

3° A acquérir les instruments de travail ;

4° A rembourser à la Caisse de Travail ainsi qu'aux bailleurs de fonds les sommes qui pourraient leur être dues.

Art. 119.

Tous les six mois, au moins, l'association fera son inventaire.

Expédition en sera délivrée :

1° Au Conseil de Prud'hommes ;
2° Au Bureau de Travail ;
3° A la Caisse de Travail ;
4° Aux Bailleurs de fonds non associés.

tant que la caisse de travail sera créancière.

Art. 120.

La durée de chacune de ces associations est illimitée.

Art. 121.

Tout associé peut, à son gré, se retirer de l'association à laquelle il appartient.

ART. 122.

Néanmoins, si le Comité-directeur juge nécessaire, soit la retraite, soit l'exclusion d'un ou de plusieurs membres de l'association, il en soumettra la question au vote général des associés.

La retraite, comme aussi l'exclusion, ne peuvent être prononcées qu'à la majorité des deux tiers des voix des associés.

ART. 123.

En cas de décès de l'un des associés, ses droits et obligations passent à ses héritiers, conformément aux règles générales du Droit civil et commercial.

ART. 124.

Dans le cas de décès, d'exclusion ou de retraite de l'un des associés, ses droits et obligations, réglés d'après le Droit commercial et dans le délai d'un an, au plus, seront acquittés en une suite de paiements partiels.

ART. 125.

Dans le cas de décès, d'exclusion ou de retraite d'un ou de plusieurs membres de l'association, le nombre des associés sera complété de nouveau par l'admission, dans l'association, des chefs de famille qui rempliront les conditions prescrites par l'art. 106.

S'il se présente plus de prétendants à l'association qu'il n'y a de membres à remplacer, ils seront soumis à l'élection des associés.

ART. 126.

Le Ministre de l'Agriculture et du Commerce, sur l'avis des Conseils de Prud'hommes, peut ériger, en *Écoles pratiques*, celles de ces associations qui lui paraîtront les plus propres à remplir cet objet.

———

CHAPITRE V.

Dispositions spéciales aux Jeunes Travailleurs. (M).

ART. 127.

Le travail dans les ateliers, les fabriques, les usines, les manufactures, etc., etc., n'est point permis aux enfants avant leur *douzième année.*

ART. 128.

Le patron, qui fera travailler un enfant qui n'aura pas atteint l'âge voulu par l'article précédent, sera condamné, par le Conseil de Prud'hommes et au profit de la Caisse de Travail, à une amende de 50 à 100 francs, et, en cas de récidive, à une amende de 150 à 300 francs.

ART. 129.

L'âge des enfants est constaté par un certificat délivré, sur papier non timbré et sans frais, par l'officier de l'état civil.

ART. 130.

La journée de travail effectif des Jeunes travailleurs est fixée :
1° A six heures, pour les travailleurs de douze à quinze ans ;
2° A huit heures, pour ceux de quinze à dix-huit ans.

ART. 131.

Le patron, qui aura fait travailler un jeune travailleur plus qu'il n'est prescrit à l'article précédent, sera passible d'une amende de 25 à 50 francs, pour la première fois, et, de 75 à 150 francs, en cas de récidive.

ART. 132.

Le Jeune travailleur entre dans la classe générale des Travailleurs le jour même où il atteint sa dix-huitième année.

ART. 133.

Les Conseils de Prud'hommes sont chargés de veiller à la fidèle observation des dispositions du présent Chapitre.

TITRE III.
De la garantie de l'existence des Travailleurs invalides.

CHAPITRE Ier.
Dispositions générales

ART. 134.

Les moyens d'exister sont assurés, au travailleur invalide, par les Institutions de Prévoyance qui suivent :

1° Une Caisse générale de Pensions;
2° Une Caisse d'Epargne par arrondissement;
3° Un Hôtel d'Invalides Civils par département.

CHAPITRE II.

De la Caisse générale des Pensions de Retraite.

ART. 135.

La Caisse générale des Pensions de Retraite est formée par des *versements* que doivent faire les travailleurs pour se constituer un droit à pension.

ART. 136.

Cette Caisse est établie à Paris. Elle est desservie par les Caisses de Travail qui, toutes, sont chargées de recevoir et de lui transmettre les versements ci-dessus énoncés.

CHAPITRE III.

Des Pensions de Retraite.

SECTION PREMIÈRE.

Pensions pour ancienneté.

ART. 137.

Tout travailleur qui, par l'intermédiaire des Caisses de Travail dans la circonscription desquelles il travaillera, versera mensuellement, *pendant trente-cinq ans*, à la Caisse générale des Pensions de Retraite à Paris, le *trois pour cent*, au moins, le *cinq pour cent*, au plus, du *Taux minimum* des salaires qu'il aura gagnés ou qu'il aurait pu gagner dans le mois, *aura droit à une pension de retraite.*

Pour régler cette pension, il sera fait, à l'expiration des 35 années de versements mensuels ci-dessus prescrites, un *total* des sommes ainsi versées par le travailleur.

La pension sera fixée à la *moitié* de ce total (N).

ART. 138.

Le travailleur, dont les versements n'auraient pas été régulièrement faits tous les mois, *sera*, néanmoins, *admis*, à l'expiration des 35 années précédemment établies, à *compléter mensuellement* ceux qui lui manqueraient pour avoir droit à pension.

ART. 139.

Toutefois, à *soixante ans d'âge*, le travailleur, lors même qu'il n'aurait point encore terminé les versements voulus pour avoir droit à une pension complète, obtiendra, sur sa demande, *une pension proportionnelle.*

Pour régler cette pension, il sera fait un *total* des sommes qu'il aura versées chaque mois et il aura droit, sur la *moitié* de ce total, à un 420ᵉ par versement mensuel effectué (O).

SECTION II.

Pensions pour infirmités.

ART. 140.

Le travailleur qui, par la survenance d'infirmités, se trouvera hors d'état de continuer à travailler, aura droit *immédiatement* à *une pension proportionnelle.*

Cette pension sera réglée d'après les bases posées par l'article précédent.

SECTION III.

Pensions des Veuves.

ART. 141.

Aura droit à pension, la *veuve* du travailleur, mort en jouissance d'une pension de retraite ou ayant droit à l'obtenir.

Cette pension sera de la *moitié* de celle qui avait été ou qui aurait pu être accordée au défunt.

ART. 142.

Du jour où la veuve contracte un nouveau mariage, son droit à la pension du défunt cesse d'exister pour elle et passe aux enfants mineurs de 18 ans qu'aura laissés le travailleur décédé.

Ces enfants en auront la jouissance, jusqu'à leur 18e année.

A défaut d'enfants mineurs de 18 ans, le droit à pension s'ouvre pour les père et mère du défunt, conformément à l'art. 147.

ART. 143.

Le droit à pension n'existe pas, pour la veuve, dans le cas de séparation de corps prononcée sur la demande du mari.

SECTION IV.

Pensions temporaires aux Orphelins.

ART. 144.

Auront droit à pension, jusqu'à leur 18e année, les *enfants* qu'aura laissés le travailleur, mort en jouissance d'une pension de retraite ou en possession de droits à cette pension, lorsque ces enfants n'auront pas de mère ou que leur mère aura contracté un nouveau mariage.

La pension des enfants sera de la *moitié* de celle dont leur auteur aura joui ou à laquelle il aurait pu prétendre.

ART. 145.

Si, à son décès, le travailleur, pensionné ou ayant droit à pension, laisse une veuve et des enfants mineurs de 18 ans, issus d'un mariage antérieur, les dispositions de l'Art. 141 et celles de l'Art. 144, recevront simultanément leur application.

ART. 146.

La pension temporaire accordée aux enfants, soit par l'Art. 142, soit par l'Art. 144, sera distribuée, par égales portions, entre les enfants qui y auront droit.

Chaque portion sera reversible sur la tête des autres, à mesure que l'ayant droit aura atteint sa 18e année, ou décédera, sans y être parvenu.

SECTION V.

Pensions aux Père et Mère du défunt.

Art. 147.

Auront droit à pension, les père et mère du travailleur, mort, soit en jouissance d'une pension de retraite, soit en possession de droits à cette pension et ne laissant, à son décès, ni veuve, ni enfants mineurs de 18 ans.

Cette pension sera du *tiers* de celle qui avait été ou qui aurait pu être accordée au défunt.

SECTION VI.

Dispositions particulières.

Art. 148.

Dans le cas où le travailleur serait décédé sans avoir encore acquis, par ses versements, des droits à pension, sa veuve, ses enfants, ses père et mère, auront droit, les uns à défaut des autres, à une *indemnité annuelle*.

Pour régler cette indemnité, on établira, d'après les bases posées par l'art. 139, qu'elle aurait été la pension dûe au défunt si, à l'époque de sa mort, il eût été seulement frappé d'infirmité; et les héritiers, ci-dessus désignés, auront, sur la pension ainsi déterminée, les mêmes droits que si elle eût été *réellement* dûe au travailleur décédé.

Art. 149.

La jouissance de cette indemnité est assimilée à la jouissance d'une pension.

En conséquence, toutes les dispositions relatives aux pensions lui sont applicables.

SECTION VII.

Dispositions générales.

ART. 150.

Nul ne peut faire un versement, utile à la constitution de sa pension, avant l'âge de vingt-un ans.

ART. 151.

Les versements sont inscrits, au fur et à mesure qu'ils sont effectués, sur un livret spécial dont chaque déposant est porteur.

ART. 152.

Toute demande en liquidation de pension devra être adressée, avec les pièces à l'appui, à l'administration chargée d'y faire droit.

Un règlement d'administration publique déterminera la forme et la nature des justifications que seront tenus de fournir les prétendants-droit à pension.

ART. 153.

La jouissance de la pension commencera à courir du jour de l'ouverture du droit à ladite pension.

ART. 154.

Les pensions seront payées mensuellement.

Les arrérages se prescrivent par cinq ans.

ART. 155.

Les pensions et leurs arrérages ne sont saisissables que jusqu'à concurrence d'un cinquième.

ART. 156.

Le droit à l'obtention et à la jouissance d'une pension est suspendu

1° Par la condamnation à une peine, même de simple emprisonnement, pendant la durée de la peine.

2° Par la perte de la qualité de citoyen Français, durant la privation de cette qualité.

ART. 157.

Dans l'un comme dans l'autre cas, la liquidation ou le rétablissement de la pension ne pourra donner lieu à aucun rappel pour les arrérages antérieurs.

CHAPITRE IV.

Des Caisses d'Épargnes.

ART. 158.

Il est institué *une Caisse d'Epargnes* par arrondissement.

ART. 159.

Les sommes, déposées aux Caisses d'épargnes, produisent, aux déposants, un intérêt annuel de quatre pour cent.

ART. 160.

Indépendamment des intérêts ci-dessus fixés, *une prime de un pour cent*, par chaque année de dépôt effectif, est accordée, à titre d'encouragement, aux économies des travailleurs salariés.

CHAPITRE V.

Des Hôtels d'Invalides Civils.

ART. 161.

Il est institué *un Hôtel d'Invalides Civils* par département.

ART. 162.

Est réputé Invalide Civil :

1° Le travailleur qui a soixante ans d'âge ;

2° Le travailleur qui, sans avoir soixante ans d'âge, se trouve, par suite d'infirmités, hors d'état de travailler.

ART. 163.

Tout travailleur, invalide et sans moyens suffisants d'existence, sera admis à l'Hôtel des invalides civils, après que sa position aura été dûment constatée.

L'Etat veillera au sort de ses enfants, jusqu'à ce qu'ils puissent se suffire à eux-mêmes.

ART. 164.

Pour apprécier les moyens d'existence du travailleur invalide, on aura égard non seulement à ses propres ressources, mais encore à celles des personnes qui lui doivent des aliments, aux termes des art. 203, 205, 206, 207, 212 et 955 du Code civil. (P).

ART. 165.

Le travailleur qui, par ses versements à la Caisse de Retraite, s'est acquis une pension, a, par cela même, droit d'entrée à l'Hôtel des invalides civils ; qu'il soit ou ne soit pas invalide ; quels que soient le chiffre de sa pension et les ressources qu'il pourrait avoir d'ailleurs.

ART. 466.

Le travailleur qui, sans avoir de pension de retraite, aurait des moyens suffisants d'existence, pourra, néanmoins, être admis à l'Hôtel des invalides civils, mais à des conditions librement débattues entre lui et l'administration, et s'il est invalide.

ART. 167.

L'Etat conserve, dans tous les cas, le droit de se rembourser des frais occasionnés par le séjour du travailleur à l'Hôtel des invalides civils.

Il opérera ce remboursement, sans, toutefois, perdre de vue l'intérêt des enfants et la protection qu'il leur doit.

1° Sur la pension de retraite du travailleur ;

2° Sur ses biens personnels ;

3° Sur la pension alimentaire dont il est parlé à l'article 164 et de laquelle il devra recevoir le montant, jusqu'à due concurrence.

Ces différents modes seront employés, les uns à défaut des autres, dans l'ordre de leur énumération.

ART. 168.

Indépendamment du droit exceptionnel accordé, comme récompense, par l'article 165, au travailleur qui, par ses versements, s'est acquis une pension de retraite, le même travailleur, s'il renonce à sa pension en entrant à l'Hôtel des invalides civils, aura également le droit d'appeler sa femme, ses enfants, ses père et mère, les uns à défaut des autres, à exercer, *immédiatement*, sur sa pension, les droits dont ils n'auraient joui qu'au jour de son décès.

Enfin, quoiqu'ainsi réversée, sa pension lui comptera, pour la totalité, en déduction du remboursement auquel il est tenu, comme tous autres, en vertu de l'article précédent.

ART. 169.

Quiconque aura été admis à l'Hôtel des invalides civils est libre de s'en retirer.

Il recouvrera, pour l'avenir, les droits à la pension qu'il aurait abandonnée.

Si, au moment de sa sortie, les frais, occasionnés par son séjour à l'Hôtel, ne sont point entièrement acquittés, il les soldera ultérieurement sur la portion de ses ressources personnelles qui excédera les besoins de son existence.

ART. 170.

Nul ne sera admis à l'Hôtel des invalides civils, s'il a été condamné, soit à des peines afflictives ou infamantes, soit à des peines correctionnelles pour faits, qualifiés crimes par la loi, ou pour délits de vol, escroquerie, abus de confiance et attentat aux mœurs.

FIN DE LA CONSTITUTION SOCIALE DES TRAVAILLEURS.

NOTES JUSTIFICATIVES.

A. Art. 2-3.

Oui, que l'État place dans le domaine public toutes ces inventions qui, *exploitées par un seul, nuisent à presque tous, et exploitées par tous, profitent à chacun*. C'est son droit et son devoir!

Qu'il institue partout où il en reconnaîtra la nécessité, des *Comptoirs Commissionnaires* qui protègent et dirigent nos intérêts commerciaux à l'Etranger, et aident à y placer avantageusement nos produits!

Qu'il fasse des traités de commerce qui modifient progressivement et avec discernement les entraves que rencontre l'échange de nos produits avec les produits étrangers!

Qu'il multiplie les expositions commerciales et industrielles; qu'il honore et récompense, comme il convient, les exposants les plus dignes!

Qu'il mette nos produits à même de lutter avec avantage contre les produits étrangers, en encourageant et en favorisant l'exportation, en encourageant et en favorisant l'importation des matières premières et alimentaires!

Qu'il rende plus facile l'échange de nos produits entre eux, en modifiant nos droits d'octroi!

Qu'il multiplie les fermes modèles, les chemins agricoles!

Qu'il fasse exécuter des travaux d'irrigation et de canalisation!

Qu'il rende productifs, par des travaux de déssèchement, d'assainissement et de défrichement, nos landes, nos terrains marécageux;

Par des plantations, les dunes qui couvrent une partie de nos côtes !

Qu'il prévienne les inondations par le reboisement des montagnes et l'encaissement des cours d'eau !

Qu'il organise en Algérie des travaux agricoles sur les terres encore non morcelées par l'appropriation individuelle !

Qu'il multiplie les expositions agricoles et honore et récompense dignement les exposants les plus habiles !

Qu'il fasse exécuter des travaux publics d'utilité, d'embellissement et surtout de communications, soit terrestres, soit fluviales

Qu'il rende à la presse son droit naturel : *la liberté !*

Qu'il protége par des travaux et des encouragements dignes et *équitablement* répartis, les lettres, les sciences et les arts !

Enfin, qu'il protége la circulation et l'emploi des capitaux, par de bonnes lois sur les transactions ; par des lois sévères sur les faillites, et, surtout, sur ces opérations immorales qui se font à la bourse ou en d'autres lieux publics et qui sont la cause de tant de ruines !

Et la confiance et le crédit, si nécessaires au bien-être de tous, ne tarderont pas à renaître.

Et le commerce, l'industrie, l'agriculture, les lettres, les sciences et les arts prospéreront.

Et, enfin, les travailleurs jouiront des bienfaits du travail.

B. *Art. 4.*

Le travail est, pour le prolétaire, le moyen, le seul honorable, le seul légitime, de pourvoir à ses besoins et à ceux de sa famille, comme aussi d'arriver à la propriété.

Le droit au travail est donc un droit à l'existence, à la famille et à la propriété, par des moyens légitimes et honorables. C'est un droit naturel, un droit social, que la justice, la morale, le respect de la famille et de la propriété nous font un impérieux devoir de reconnaître et de consacrer à tout jamais.

Ainsi, voilà un homme laborieux et valide, — le salaire est son unique moyen d'existence, — il est sans ouvrage *et n'en trouve pas.*

S'il n'a point le droit de demander du travail à l'Etat, et, à défaut de travail, des avances qui lui permettent d'attendre, comment cet homme peut-il vivre?

S'il a une femme, des enfants, comment nourrira-t-il sa femme, comment nourrira-t-il ses enfants?

Enfin, comment pourra-t-il arriver à la propriété, s'il se trouve ainsi privé du seul moyen qui puisse honorablement et légitimement l'y conduire, s'il se trouve ainsi privé des moyens même d'existence?

Oui, demandons-nous, la main sur la conscience, si c'est bien là protéger *également* l'existence, *également* la famille, *également* la propriété.—Demandons-nous si ce n'est pas condamner, celui dont le seul tort est d'être *né pauvre*, à l'humiliation de l'aumône, à l'immoralité; si ce n'est pas le condamner à de cruelles angoisses, à une misère fratricide; si ce n'est point enfin le repousser en lui disant: Pourquoi vivez-vous? Pourquoi avez vous une famille? Pourquoi n'êtes-vous pas riche?

Dans une République, rien de ce qui regarde l'humanité ne doit lui être étranger. Là où tous les citoyens sont frères, la patrie, qui est la mère commune, doit secours à ceux qui en ont besoin, à tous une égale protection.

C. *Art.* 6.

Si l'homme a droit à l'existence, — et il l'a, — par cela seul qu'il vit, à plus forte raison y a-t-il droit lorsqu'il travaille.

Donc, en garantissant le droit de vivre en travaillant, l'Etat ne reconnaît et ne consacre qu'un droit naturel et social.

D. *Art.* 7.

Code civil. Art. 2095.—« Le privilége est un droit que la qualité de la créance donne à un créancier d'être préféré aux autres créanciers, même hypothécaires.

Code civil. Art. 2096. — « Entre les créanciers privilégiés, la préférence se règle par les différentes qualités des priviléges.

Code civil. Art. 2097. — « Les créanciers privilégiés qui sont dans le même rang sont payés par concurrence.

Code civil. Art. 2101. — « Les créances privilégiées sur la généralité des meubles sont celles ci-après exprimées et s'exercent dans l'ordre suivant :

» 1° Les frais de justice ;

» 2° Les frais funéraires ;

» 3° Les frais quelconque de la dernière maladie, concurremment entre ceux à qui ils sont dûs ;

» 4° Les salaires des gens de service pour l'année échue et ce qui est dû pour l'année courante ;

» 5° Les fournitures de subsistances faites au débiteur et à sa famille, savoir, etc., etc.

Code civil. Art. 2104. — « Les priviléges, qui s'étendent sur les meubles et les immeubles, sont ceux énoncés en l'article 2101.

Code civil. Art. 2106. — « Entre les créanciers, les priviléges ne produisent d'effet, à l'égard des immeubles, qu'autant qu'ils sont rendus publics par inscription sur les registres du conservateur des hypothèques de la manière déterminée par la loi, et à compter de la date de cette inscription.

Code civil. Art. 2146. — « Les inscriptions se font au bureau de conservation des hypothèques dans l'arrondissement duquel sont situés les biens soumis au privilége ou à l'hypothèque.

» Elles ne produisent aucun effet si elles sont prises dans le délai pendant lequel les actes faits avant l'ouverture des faillites sont déclarés nuls, etc.

Code civil. Art. 2154. — ..... « Les inscriptions conservent l'hypothèque et le privilége pendant dix années à compter du jour de leur date.

» Leur effet cesse si ces inscriptions n'ont été renouvelées avant l'expiration de ce délai.

Code civil. Art. 2155. — ..... « Les frais des inscriptions sont à la charge du débiteur s'il n'y a de stipulations contraires ; l'avance en est faite par l'inscrivant, si ce n'est quant aux hypothèques légales, pour l'inscription desquelles le conservateur a son recours contre le débiteur, etc.

Code civil. 2165. — ....«Les créanciers, ayant privilége ou hypothèque inscrits sur un immeuble, le suivent, en quelques mains qu'il passe, pour être colloqués et payés suivant l'ordre de leurs créances ou inscriptions.

Code civil. Art. 2180. — «.... Les priviléges et hypothèques s'éteignent .

» 1° Par l'extinction de l'obligation principale.

» 2° Par la renonciation du créancier à l'hypothèque ou au privilége.

» 3° Par l'accomplissement des formalités et conditions prescrites aux détenteurs pour purger les biens par eux acquis.

» 4° Par la prescription. »

E. *Art.* 20-22.

Ainsi, nous annulons les conséquences toujours funestes, toujours immorales du chômage. Nous mettons le travailleur, sans ouvrage ou malade, à l'abri des conseils de la misère et du désespoir.

Nous le rendons à son libre arbitre, à sa propre dignité. Enfin, nous le mettons à même de n'écouter que ses sentiments de loyauté, de probité, d'honneur et de devoir.

F. *Art.* 23-24.

L'utilité, la nécessité même de cette mesure ne sauraient être un instant méconnues.

Combien de travailleurs qui, se livrant à un petit commerce, à une petite industrie, sont forcés de faire faillite ou en sont continuellement à la veille, par cela même qu'il n'existe, pour leur venir en aide, aucun établissement philanthropique !

Obligés, en effet, d'avoir recours à des gens qui ne connaissent et ne pratiquent que l'usure, les bénéfices qu'ils retirent de leur petit commerce ou de leur petite industrie, ne leur permettant pas de la supporter impunément, tôt ou tard ils succombent...

Combien d'autres qui, n'ayant même pas cette triste ressource, par, dans l'exercice de leur honnête profession, les usuriers sont encore très sobres de confiance, — succombent à leur première épreuve, sous le poids énorme de frais judiciaires !

Combien d'autres, enfin, qui, pour un faible secours, se trouvent dans la nécessité de se dépouiller, non seulement de leurs vêtements, mais encore des marchandises ou des instruments qui les font vivre !

Combien de petits agriculteurs, qui ne peuvent se relever d'une perte qu'ils ont faite et qu'une faible avance cependant, soit en nature, soit en espèces, remettrait sur pied !

S'ils trouvent à emprunter, les intérêts, quelquefois légitimes, usuraires souvent, font insensiblement leur ruine.

S'ils ne le trouvent pas, la gêne, la misère les forcent à cultiver les champs d'autrui, ou à se livrer à une autre profession, et à négliger ainsi, souvent même à abandonner leurs champs qui, quelques jours avant, les faisaient vivre eux et leurs familles.

Hâtons-nous donc de porter remède à d'aussi grands maux, et nous ferons comprendre, aimer et bénir la République jusque dans le plus petit atelier, jusque dans la plus humble chaumière !

G. Art. 25-31.

Le travailleur ne demande pas qu'on lui fasse l'aumône. Si, ne pouvant être pourvu d'ouvrage, il réclame, de l'Etat, les moyens de vivre en attendant, c'est seulement à titre d'avance, à titre de prêt sur son travail.

Sans doute, comme *primes d'encouragement*, ou comme *récompenses*, des remises peuvent lui être faites sur les avances qu'il aura reçues ; mais il veut les devoir à son propre mérite et non pas à la charité publique.

Se libérer est donc pour lui, *valide*, un droit et un devoir.

D'ailleurs, le mode de remboursement que nous proposons n'est pas nouveau ; et, parmi les travailleurs, il en est beaucoup, sans doute, qui en ont apprécié déjà les avantages.

Voici, en effet, quelques dispositions d'un arrêté consulaire qui l'établissent. Il s'agit du remboursement des avances faites aux ouvriers par les patrons :

Arrêté consulaire du 9 frimaire an 12.

TITRE II.

Art. 7.

« L'ouvrier, qui aura reçu des avances sur son salaire, ou contracté l'engagement de travailler un certain temps, ne pourra exiger la remise de son livret et la délivrance de son congé qu'après avoir acquitté sa dette par son travail et rempli ses engagements si son maître l'exige.

Art. 8.

« S'il arrive que l'ouvrier soit obligé de se retirer, parce qu'on lui refuserait du travail ou son salaire, son livret et son congé lui seront remis, encore qu'il n'ait pas remboursé les avances qui lui ont été faites. Seulement, le créancier aura le droit de mentionner la dette sur le livret.

Art. 9.

« Dans le cas de l'article précédent, ceux qui emploieront ultérieurement l'ouvrier, feront, jusqu'à entière libération, sur le produit de son travail, une retenue au profit du créancier.

» Cette retenue ne pourra, en aucun cas, excéder les deux dixièmes du salaire journalier de l'ouvrier; lorsque la dette sera acquittée, il en sera fait mention sur le livret.

» Celui qui aura exercé la retenue sera tenu d'en prévenir le maître au profit duquel elle aura été faite, et d'en tenir le montant à sa disposition. »

— Ainsi, comme on le voit, nous n'avons fait que substituer, aux patrons, les Bureaux de Travail, chargés de faire, aux travailleurs, les avances auxquelles ils ont droit.

H. *Art*. 95-96.

Toute concurrence, selon nous, est favorable, nécessaire même, à la prospérité générale et au progrès.

Cependant, il ne faut pas qu'elle dépasse les limites de la raison. Il ne faut pas qu'elle dégénère en abus dangereux pour la société. Or, c'est là le mal auquel nous voulons remédier, en posant des bornes à la concurrence des salaires, à cette concurrence illimitée, si funeste à la vie des travailleurs.

Mais est-il possible, nous dira-t-on, d'établir, sans porter atteinte aux intérêts ou aux droits légitimes des patrons, un *taux minimum* de salaire, qui suffise aux besoins de l'existence des travailleurs?

Nous le croyons.

Et en effet : en aidant, ainsi que nous le proposons, à l'association des travailleurs chefs de famille, ces travailleurs, par cela même, se trouvent en position de gagner, indépendamment du produit de leur travail personnel, les moyens de soutenir leurs familles.

Ce n'est donc pas sur ce qui est nécessaire à l'existence du travailleur *et de sa famille* que doit être établi le *taux minimum* de salaire, mais sur ce qui est nécessaire à l'existence du travailleur *seulement*.

Eh bien ! nous en appelons à tous les hommes de bonne foi :

Fixer, sur de telles bases, un *taux minimum* de salaire, est-ce porter atteinte aux intérêts, aux droits légitimes des patrons?

Nous ne le pensons pas.

Nous ne pensons pas qu'une profession, si ingrate qu'elle soit, ne puisse faire gagner *au moins sa vie* au travailleur qu'elle occupe !

I. *Art*. 97-101.

En consacrant cette incapacité protectrice : *Celui qui travaille pour vivre ne peut aliéner son travail pour un salaire qui ne suffit point à l'existence*, nous avons eu pour but, non seulement de frapper la concurrence dans ses abus, mais encore de protéger le plus faible contre le plus fort, celui qui a faim et qui ne peut attendre, contre celui qui n'a pas faim et qui peut attendre ; celui enfin qui n'est pas libre de ne pas travailler, contre celui qui est libre de ne pas faire travailler.

Nous avons eu également pour but de combattre cette liberté illimitée, ce *laissez faire* qu'on réclame, à si grands cris, pour les conventions de travail, pour ces conventions si souvent viciées par le dol ou le défaut de liberté dans le consentement de l'une des parties contractantes.

Et en effet, n'est-il pas certain que, pour moins rétribuer le travail, celui qui fait travailler dissimule presque toujours ses besoins, ses bénéfices ; qu'il invoque des pertes imaginaires ; qu'il spécule, enfin, sur la nécessité où se trouve le travailleur de travailler pour vivre ?

N'est-il pas également certain que le travailleur qui, *pressé par le besoin,* aliène son travail pour un salaire insuffisant à son existence, n'agit pas librement ? Dans une telle situation, en effet, ne se trouve-t-il pas *forcé* de consentir à un mal moindre pour en éviter un plus grand ? Il y a donc *violence morale* sur sa volonté lorsqu'il accepte de pareilles conditions. Or, quand la violence pèse sur la volonté, est-on libre ?...

J. *Art.* 102.

L'existence du travailleur étant garantie par le *taux minimum* de salaire, au-dessus de cette limite, c'est à la morale et à l'humanité à régler les conventions de travail sur ce grand principe :

A chacun selon ses œuvres et sa capacité.

K. *Art.* 105-106, etc.

En admettant, dans ces associations, des chefs de famille seulement, nous nous sommes décidé d'après ce fait que les travailleurs, *chefs de famille,* ayant, par cela même, des besoins plus étendus que les travailleurs *non chefs de famille,* le *taux minimum* de salaire, équitablement balancé, comme il doit l'être, pour concilier les droits et les intérêts légitimes et réciproques des travailleurs salariés et des patrons, ne saurait suffire aux besoins des travailleurs chefs de famille.

Cette admission est, en outre, fondée sur cette loi morale que la société doit aide et protection à la Famille qui en est le germe et le principe.

L. *Art.* 107.

Le jeune travailleur, dès l'âge de 18 ans, entre dans la classe générale des travailleurs ; c'est, du moins, ce que nous avons établi par l'art. 132.

Ayant donc son existence assurée comme tous les autres travailleurs, *le soutien de famille*, dès ce moment, ne lui est plus indispensable.

M. *Art.* 127 à 133.

Il est inutile de faire sentir le but des dispositions de ces divers articles. Chacun sait, en effet, qu'on ne peut, sans compromettre la santé, sans corrompre le sens moral des enfants, les appeler aux peines matérielles de la vie, avant que la nature ait suffisamment développé leurs forces, et l'instruction leurs facultés.

Ces enfants, comme tous les citoyens, auront un jour à servir, à défendre la République. Rien donc ne doit être négligé pour en faire des hommes forts, capables et vertueux.

N. *Art.* 137.

Les travailleurs auront ainsi un GRAND-LIVRE où seront inscrits leurs services intellectuels, agricoles ou industriels, comme aussi leurs droits à la bienfaisance nationale. Ils travailleront, mais avec la certitude, *enfin*, d'une vieillesse tranquille et honorée.

O. *Art.* 139.

En principe (art. 137), le travailleur aura droit à une pension, s'il fait, à la Caisse générale des Pensions de Retraite, un versement mensuel pendant 35 ans, c'est-à-dire 420 versements.

Chaque versement mensuel, étant ainsi le 420e de ceux prescrits pour obtenir une pension complète, donne donc droit à un 420e de pension.

C'est ainsi que le travailleur auquel une pension proportionnelle est accordée a droit à autant de 420ᶜ de pension qu'il a effectué de versements mensuels.

P. *Art.* 164.

Code civil. Art. 203.—« Les époux contractent ensemble, par
l'effet seul du mariage, l'obligation de nourrir, entretenir et élever
leurs enfants.

Code civil. Art. 205. — « Les enfants doivent des aliments à
leurs père et mère, et autres ascendants qui sont dans le besoin.

Code civil. Art. 206. — « Les gendres et belles-filles doivent
également, et dans les mêmes circonstances, des aliments à leurs
beau-père et belle-mère, mais cette obligation cesse :

« 1° Lorsque la belle-mère a convolé en secondes noces.

» 2° Lorsque celui des époux, qui produisait l'affinité et les enfants issus de son union avec l'autre époux, sont décédés.

Code civil. Art. 207. — « Les obligations résultant de ces dispositions sont réciproques.

Code civil. Art. 212. — « Les époux se doivent mutuellement
fidélité, secours, assistance.

Code civil. Art. 955.—« La donation entre-vifs ne pourra être
révoquée pour cause d'ingratitude que dans les cas suivants :

» 1° Si le donataire a attenté à la vie du donateur.

» 2° S'il s'est rendu coupable envers lui de sévices, délits ou
injures graves.

» 3° S'il lui *refuse* des *aliments*. »

FIN DES NOTES JUSTIFICATIVES.

Paris.—Imprimerie de E. MARC-AUREL, rue Richer, 20.

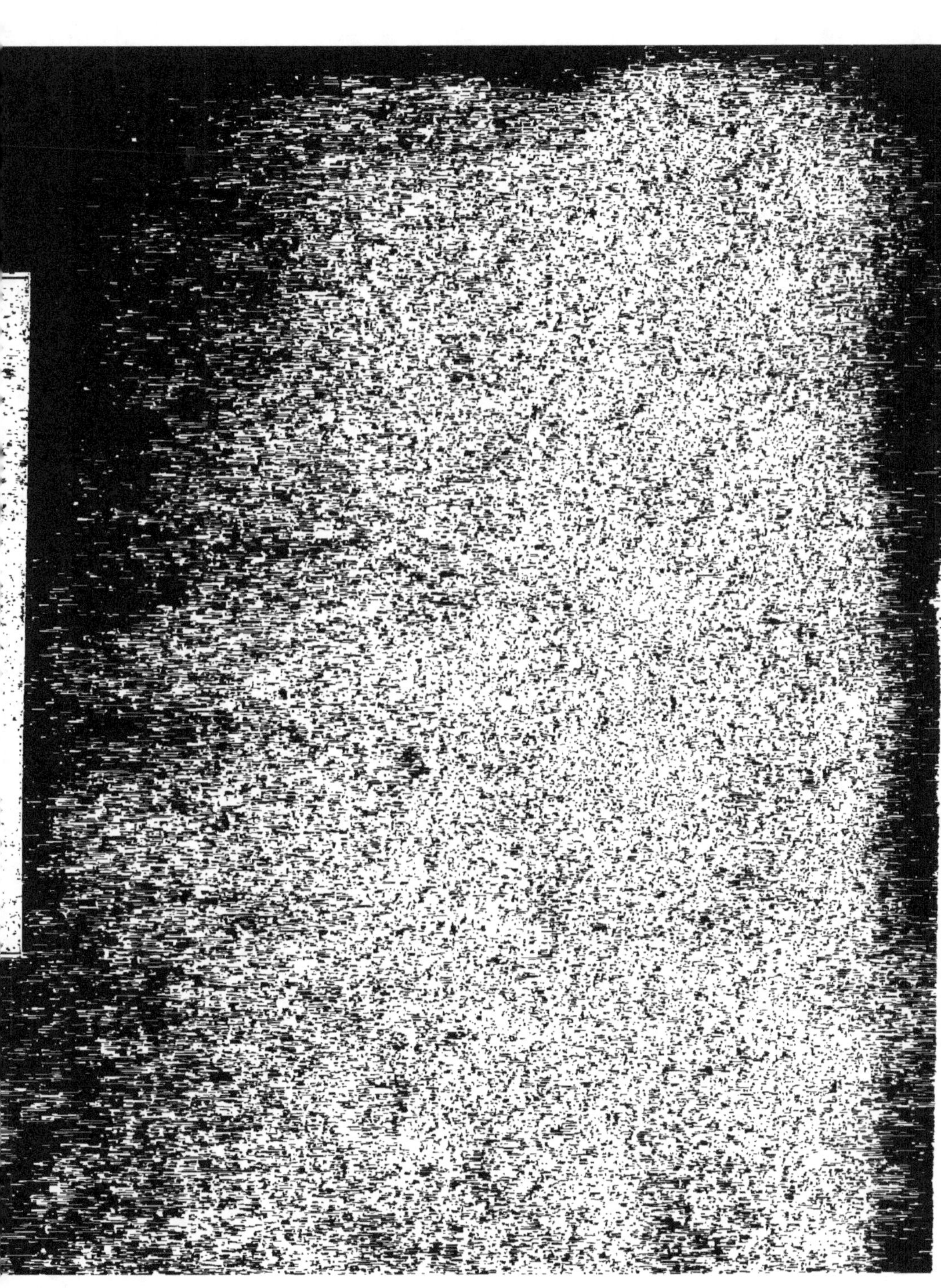